N° 3 (23)   Dix-neuvième Année   Mars 1904

L'UNIVERSITÉ DE PARIS

Revue de la Vie Universitaire

(Questions Scolaires et Professionnelles, Essais de Critique et de Sociologie).

Organe Mensuel de l'Association Générale des Étudiants de Paris

SOMMAIRE

M. Michel Revon, *Chargé de cours à la Faculté des Lettres* : Les Mœurs et l'Esprit des Étudiants Japonais.

Dr Charles Richet, *Professeur à la Faculté de Médecine* : Les Étudiants et la Paix (Conférence à l'Association).

La Vie intérieure de l'Association.

Bibliographie.

ADMINISTRATION : 40, Rue des Écoles

RÉDACTION : 43, Rue des Écoles, PARIS (Vᵉ)

Téléphone 807-40

Abonnement : Un an...................... 6 fr.
Le Numéro.............. 0 fr. 50

DEMANDEZ PART[OUT]

les PLAQUES et Papiers
JOUGLA

SOCIÉTÉ NATIONALE DE PRODUITS CHIMIQUES

50, RUE DES ÉCOLES, 50

TÉLÉPHONE 807-73

Remise aux Membres de l'A. -- 10 p. 100 sur facture

PARIS -- 15, Rue Racine, 15 -- PARIS

NOUVEAUTÉS ANGLAISES & FRANÇAISES

L'UNIVERSITÉ DE PARIS

Les Mœurs et l'Esprit des Étudiants japonais

♦ ♦ ♦

Nous nous sommes adressé, au début d'une enquête que nous avons l'intention de faire sur les Étudiants des pays étrangers, leurs mœurs et leurs groupements, à M. Revon, qui, après avoir été plusieurs années professeur à l'Université de Tokio, professe actuellement à la Sorbonne l'histoire de la civilisation des peuples de l'Extrême-Orient.

Voici l'intéressante lettre par laquelle il nous a répondu :

Le Moutier d'Orgerus, 20 février 1904.

Cher Monsieur Delamarche,

Vous voulez bien me demander, pour l'*Université de Paris*, quelques souvenirs du temps où j'étais professeur à l'Université de Tokio, quelques notes sur la vie, les mœurs, l'esprit des étudiants japonais. Je me fais un plaisir de répondre à vos questions ; mais, faute de temps, ce sera au courant de la plume... et je vous prie de m'en excuser.

Je commencerai par indiquer, comme trait caractéristique, que les jeunes Japonais sont des étudiants qui étudient. Cette particularité est de tradition chez eux. Plus d'un, dans l'ancien temps, dut suivre l'exemple de ce fameux étudiant chinois qui, trop pauvre pour s'acheter de l'huile, travaillait à la lueur de quelques lucioles ou contre la réverbération de la neige ; et j'ai vu moi-même, il y a dix ans, dans un village de l'intérieur, une cage à lucioles suspendue servir ainsi de luminaire. Aujourd'hui encore, si vous pénétrez le soir dans la chambrette d'un jeune lettré, vous le trouverez presque toujours étendu sur les nattes, parmi ses livres, tenant d'une main soigneuse l'ouvrage qu'il lit sous le petit cercle de clarté que dispense une lampe avare. Celui qui, par fortune, a obtenu la faveur d'habiter l'Université même peut jouir de l'électricité; mais, la nuit s'avançant, on éteint presque partout : de la salle de travail commune, l'étudiant se voit chassé dans sa chambre, où il pourra lire encore quelques minutes ; et quand ce dernier refuge à son tour se trouve plongé dans les ténèbres, plus d'un, enveloppé de son manteau, sort sans bruit et va se tapir dans un coin de corridor pour continuer sa veille studieuse. Pourquoi tout ce travail? Pour réussir aux examens, sans doute; mais aussi pour satisfaire cet amour de l'étude qui faisait dire à un sage du vieux Japon qu'une heure de lecture tranquille, sous la lampe, est le plus grand plaisir que l'homme puisse goûter.

Cette curiosité d'esprit et cette volonté d'apprendre que possèdent les jeunes Japonais éclatent dans leur attitude aux cours. Impossible d'imaginer un auditoire plus attentif. Tous sont suspendus aux lèvres du maître, sténographient ses moindres phrases, d'un crayon fébrile, gardent leur esprit tendu jusqu'à la fin. Et quand la leçon est achevée, c'est toujours un défilé des meilleurs élèves, qui viennent demander des éclaircissements complémentaires; après quoi, le professeur sorti, tous font cercle, et les moins avancés, à leur tour, notent précieusement ce qu'ont recueilli les fortes têtes. Parmi eux, d'ailleurs, pas un cancre : pas un de ces faux étudiants qui, après une année de paresse complète, croient pouvoir se rattraper, à la dernière heure, en recourant à quelque vague manuel. Tous, là-bas, comprennent la valeur, l'utilité pratique des choses qu'on leur enseigne, et, avec plus ou moins d'intelligence ou de succès, mais avec une bonne volonté constante, tous s'efforcent d'en profiter.

Si vous parcourez les ouvrages écrits par des professeurs européens ayant enseigné au Japon, vous y trouve

rez presque toujours l'expression d'un ravissement étonné
en face de cet état de choses. Je prends au hasard un de
ces livres, « Things japanese », par le professeur B. H. Cham-
berlain, qui est une autorité en ces matières, et qui est souvent plus que sévère pour les Japonais; or voici, sur les
étudiants, la première phrase que j'y rencontre : « L'étudiant japonais typique appartient à cette classe de jeunes
gens qui sont les délices de leur maître; il est tranquille,
intelligent, plein de déférence, studieux jusqu'à l'excès. »
Pour ma part, je puis affirmer que, durant sept années
d'enseignement là-bas, mon plus grand souci fut le travail
excessif de certains de mes élèves : j'essayai en vain de les
arrêter; l'un d'eux devint fou, et plusieurs sont morts. A
l'enterrement d'un de ces braves, un camarade s'avança
devant la tombe et dit simplement : « Tu es mort pour
l'amour sacré de la science : nous tâcherons de t'imiter. »
Un autre, qui vivait chez moi comme secrétaire, ne dor-
mait presque pas : parfois, la nuit, j'allais éteindre sa
lampe et l'obligeais à se coucher; mais quelques heures
après, la lampe était rallumée, en attendant l'aube. Un été,
je l'emmenai à la montagne, en lui demandant de me jurer
tout d'abord qu'il consentirait à s'y reposer; il me répon-
dit qu'il donnerait sa vie pour moi, au besoin, mais que le
serment que je voulais lui arracher était justement le seul
qu'il ne pût pas faire. Il y a peu de temps, j'ai reçu une lettre
de lui : il m'écrivait de l'hôpital, avec un fatalisme tranquille : « Quand un arbre s'élève avec force, le vent
l'abat. » Et que d'autres faits du même genre! Tel étudiant
en philosophie, désespérant de trouver la vérité, se retire
dans les montagnes de Nikkô et se précipite du haut d'une
cascade; d'autres suivent son exemple; et c'est ainsi que,
tout récemment, sept ou huit malheureux sont allés se
tuer dans la même solitude, pour le même motif. Tel
autre se suicide parce qu'ayant échoué à un examen, il se
considère comme déshonoré. L'un d'eux, il y a quelques
années, après un echec immérité, vint faire ses adieux à
ses maîtres, vêtu de blanc et prêt à accomplir le *harakiri*;
l'assemblée des professeurs se réunit aussitôt, et compre-
nant qu'il n'y avait pas à hésiter, lui remit son diplôme,

avec honneur. Etait-ce une imprudence, un précédent dangereux à établir ? Non certainement : car cet étudiant était sincère, et aucun de ses camarades n'aurait songé à tirer prétexte de son cas pour jouer ensuite la comédie du suicide. Bien au contraire, on a vu des étudiants japonais venir protester contre le résultat d'un examen où ils avaient obtenu une note trop élevée, dont leur copie n'était pas digne, à leurs yeux.

De tous ces petits faits, il ressort clairement que l'étudiant japonais est un étudiant modèle, d'une ténacité héroïque et d'une ardeur qui va parfois jusqu'à la folie. Rien ne peut l'arrêter ; et ni les pelouses réservées dans le parc de l'Université pour les exercices physiques, ni les régates sur la Soumida, au temps où fleurissent les cerisiers, ni les fêtes de gymnastique, à l'époque des chrysanthèmes, ne peuvent tenir tête à cet effrayant surmenage, qui fait de toute cette jeunesse japonaise un peuple d'étudiants à lunettes, vieillis avant l'âge et prédestinés à la consomption. C'est que déjà, avant d'entrer à l'Université, ils ont dû accomplir de longues études, très lourdes, d'abord dans les lycées, où ils ont fait leurs «humanités» à la chinoise, puis dans des écoles supérieures, qui seules donnent accès aux Facultés, et où il leur a fallu apprendre, en 3 ou 4 ans, plusieurs langues européennes, en même temps que les principes de la science particulière qu'ils allaient ensuite approfondir. Il en résulte que les étudiants, au Japon, sont en général plus âgés qu'en France ; nombre d'entre eux déjà sont mariés et pères de famille ; et j'ajoute enfin qu'une fois licenciés, après 3 ans au moins, ils ne pourront se présenter au doctorat qu'après 6 années encore de travail, dans une espèce d'école pratique des Hautes-Etudes qui est le couronnement de l'enseignement universitaire. Comparez cet effort de 13 ou 14 années à celui d'un étudiant français, qui peut être docteur 5 ou 6 ans après avoir passé son baccalauréat !

Et cependant, ces études extraordinaires ne donnent pas, dans tous les domaines, les résultats qu'on en pourrait espérer. Pour les sciences, pour la médecine, tout va bien. L'Université de Tokio, admirablement installée et outillée, invite au travail personnel. Entrez à un cours de zoologie, où le professeur traite, par exemple, d'une certaine espèce de poissons : les pêcheurs de l'Université ont travaillé la veille, et chaque étudiant a devant lui, sur sa petite table, son poisson qu'il dissèque à mesure qu'avance la leçon. Un peu plus loin, vous entendez gronder une salle des machines : l'étudiant en mécanique a sous la main la force motrice et tous les moyens d'essais pratiques qu'il peut désirer. Ailleurs, dans les sous-sols, d'innombrables bocaux sont rangés, où chaque étudiant en chimie peut venir puiser, en toute liberté, ce qu'il lui faut pour les expériences qu'il voudrait faire. Mais pour les lettres, pour le droit, l'orientation générale est moins heureuse : ici, la mémoire domine, et trop souvent de bons étudiants semblent mettre toute leur gloire à pouvoir reproduire, le jour de l'examen, les paroles mêmes qu'ils ont entendues au cours. Les raisons de cet état de choses sont, d'une part, une habitude séculaire tendant à admirer l'érudition purement verbale, d'autre part un respect exagéré pour la parole du maître ; et ceci m'amène à vous dire un mot des rapports de l'étudiant japonais avec ses professeurs.

L'étudiant japonais n'est pas un écolier tapageur : c'est déjà un homme sérieux, pondéré, alourdi par la surcharge et la complexité des programmes. Même dans les lycées, les élèves ne s'insurgent que contre les professeurs qui enseignent mal ou qui commettent des injustices manifestes : en ce cas, une classe se met en grève et ne consent à rentrer que lorsqu'elle a obtenu satisfaction ; et ce qui montre assez de quel côté était le bon droit, c'est que, presque toujours, le ministère donne raison aux élèves. Mais à l'Université, on est plus tranquille et les difficultés de ce genre sont très rares. En tout cas, le « chahut » est une coutume qu'ignorent les 3000 étudiants des Facultés de Tokio. Tout au contraire, rien de plus touchant que le culte de ces jeunes gens pour leurs maîtres. Dès l'enfance, ils ont appris par cœur l'antique maxime :«Ton père et ta mère sont comme le ciel et la terre ; ton seigneur, comme la lune ; ton professeur, comme le soleil.» Le sens positif de cette sentence poétique, ils l'ont trouvé concentré dans un proverbe, en trois mots, qui est tout à l'honneur de leur vieille société féodale : «*Oudji yori sodatchi*», «Education passe naissance.» Et si vous voulez mesurer la profondeur de ce sentiment, chez les étudiants d'aujourd'hui, observez seulement leur attitude dans l'amphithéâtre : quand le professeur entre, tous se lèvent, penchent leur front jusqu'au niveau des pupitres, et ne se redressent que lorsqu'il commence sa leçon ; lorsqu'il sort, tous se lèvent pareillement, inclinés dans un religieux silence. Pas d'applaudissements : car cette forme d'approbation supposerait une désapprobation possible ; or un professeur n'est pas un acteur.

Je m'empresse d'ajouter que les professeurs répondent à ces marques de respect par une politesse non moins raffinée, et qu'ils traitent leurs élèves, en toute occasion, avec la plus parfaite courtoisie. Ils les reçoivent sans cesse, tiennent leur porte ouverte à l'étudiant même lorsqu'elle est fermée aux relations ordinaires. Puis, des dîners de corps viennent resserrer ces liens. Les professeurs invitent les étudiants à d'amicales réunions : on se rassemble, vers le milieu de l'après-midi, au Jardin botanique de l'Université, où maîtres et disciples se promènent longuement dans un délicieux paysage ; la nuit venue, tout le monde s'assied à la même table, sans protocole, et, après un dîner soigné par le chef de cuisine de l'Université, vous pourriez voir le ministre de l'Instruction publique ou le recteur, à qui un étudiant est venu offrir à genoux une coupe de vin de riz, quitter à son tour sa place, suivant la coutume, et aller se prosterner devant ce jeune homme, avec une simplicité charmante, pour lui demander la même faveur. De leur côté, les étudiants invitent leurs maîtres à de nombreux banquets, où ils les entourent des attentions les plus délicates : au premier dîner qui me fut ainsi offert, je ne fus pas peu surpris d'entendre, en arrivant, la Marseillaise entonnée en chœur par une centaine d'étudiants qui l'avaient apprise à mon intention. Enfin, lorsqu'un professeur japonais part pour le lointain Occident, ou lorsqu'un professeur étranger rentre en Europe, c'est un envahissement de la gare par la foule des étudiants qui, longtemps après que le train s'est ébranlé, saluent le voyageur d'une clameur immense ; et lorsqu'un maître aimé vient à mourir, c'est une désc' .ion générale chez ses élèves, qui, tous, sauront trouver dans leur pauvre budget la petite contribution nécessaire pour lui élever un monument.

Je vois bien que ma lettre s'allonge outre mesure ; et cependant, je ne veux pas terminer sans répondre à une dernière question que vous m'avez posée : y aurait-il quelque idée à tirer des mœurs universitaires japonaises, au point de vue de la Maison des étudiants en projet ? — Peut-être ; quoique l'état des choses, à Paris, soit bien différent de ce qui existe à Tokio. Chez nous, les Facultés ont été posées en plein centre urbain ; là-bas, elles ont été disséminées dans un parc, superbe don du plus riche daïmio de l'ancien régime, et qui se trouve situé aux extrêmes limites de la cité, tout près des champs. La colline universitaire, que domine ce parc, plonge à son tour sur un quartier délicieux, le plus sain de la ville, le plus riche en jardins, le plus recherché des savants. L'étudiant peut donc se loger, dans quelque famille des environs, au rez-de-chaussée d'une de ces maisons de bois idéales, si bien aérées, si lumineuses, si esthétiques, qu'entourent de tous côtés les bambous, les pins, les bananiers, les arbres en fleurs ; et ainsi, chaque matin, son esprit s'éveille au chant des oiseaux, au parfum des plantes, en présence de la nature, mère de la joie et inspiratrice du bon travail. En même temps, nombre d'étudiants trouvent une nouvelle famille par l'adoption ou par le mariage ; et ces combinaisons sont d'autant plus fréquentes que les bourgeois de Tokio, moins timides que les nôtres, n'exigent pas de leurs futurs gendres une situation, mais donnent volontiers leur fille à un jeune homme d'avenir, dont ils paient en attendant les frais d'études. Enfin, certains étudiants de province obtiennent l'avantage, très recherché, d'habiter une sorte de pension installée dans le parc universitaire. Leur vie y est réglée de la manière la plus libérale. Ils s'organisent eux-mêmes en groupes, appelés *bous* ; chaque *bou* élit parmi ses membres un chef, le *boukan*, qui, en dépit de son nom, est chargé de maintenir l'ordre ; et c'est l'assemblée des *boukans* qui, à la majorité des voix, établit à son gré les règlements de la petite communauté scolaire.

Mais je me hâte d'achever cette longue lettre, et pour finir à la japonaise, je conclurai en exprimant pour votre Bulletin transformé le souhait classique : « Paris Daïgakou bandzaï ! », « Que *L'Université de Paris* vive dix mille ans » !

Votre tout dévoué,

Michel Revon.

Les Étudiants et la Paix

(Conférence de M. CHARLES RICHET)

M. Charles Richet, professeur à la Faculté de Médecine, a bien voulu faire, le 9 février, une conférence à l'Association, pour le « groupe des étudiants étrangers ».

Après leur avoir souhaité la bienvenue, il s'est adressé aux étudiants étrangers dans ces termes :

« Il est bon que vous donniez cet exemple de solidarité internationale ; car, venus de tous les points de l'horizon, vous vous trouvez réunis ici pour vous initier, par de solides études, à la culture intellectuelle, scientifique, ou littéraire, ou professionnelle de la France. Que la pensée qui vous réunisse soit donc une pensée de reconnaissance pour notre patrie qui tient à honneur de rester fidèle à une vieille tradition séculaire, l'hospitalité aux hommes et aux idées.

« Pénétrez-vous bien aussi de cette opinion qu'il ne faut pas être trop modeste dans ses vues, trop limité dans ses désirs, trop timide dans ses conceptions. Vous aurez un jour, dans bien peu d'années, l'occasion d'exercer votre influence dans vos patries où vous retournerez bientôt. Avocats, médecins, romanciers, historiens, professeurs, vous aurez en quelque sorte charge d'âmes, et il convient que vous soyiez persuadés que vous pouvez quelque chose par votre propagande personnelle. C'est un bien misérable stimulant que d'être par avance persuadé qu'on ne peut rien. Pour être des hommes, il faut se convaincre qu'on peut beaucoup. Chacun porte en soi tout un monde d'idées dont il doit faire profiter les autres : paroles, discours, écrits, nous avons des moyens multiples à notre disposition pour gagner les autres à notre opinion. Alors, pourquoi ne pas agir dans le sens de la justice ? Puisqu'on n'est pas désarmé — et on n'est jamais désarmé, même dans les pays les moins libres, — il faut exercer son influence pour le bien ;

combattre les vieilles erreurs, les préjugés, les idoles peu respectables du passé que Bacon jadis criblait de sarcasmes ; et il y a une grande joie à l'action.

« Certes, il faut être technique, apprendre les éléments nécessaires à un examen, connaître les principes de son art, les minuties souvent fastidieuses du métier qu'on veut exercer ; mais en même temps que ces études spéciales, techniques, professionnelles, une culture générale est nécessaire. Les notions de haute morale ne sont pas contradictoires avec l'étude scrupuleuse des détails ; et on peut être un bon médecin, un excellent jurisconsulte, tout en ayant réfléchi sur les destinées et l'avenir de l'homme.

« Alors, ici, à Paris, en France, vous prendrez en même temps que les enseignements techniques divers qui vous sont indispensables, les grands enseignements moraux que les penseurs français ont fait pénétrer profondément dans notre conscience.

« Ne vous laissez pas éblouir par les déclamations de ces faux patriotes qui crient « La France aux Français », comme du côté de la Grande Muraille, des bonshommes grotesques répètent, avec le succès que vous savez : « La Chine aux Chinois. » Ce n'est pas là la vraie pensée française. C'est un orage qui passe et il ne faut pas en avoir peur plus que d'une nuée, qui, après avoir jeté quelque trouble dans l'atmosphère, bientôt disparaît, pour laisser revenir la sérénité joyeuse d'un ciel pur.

« La pensée française, c'est Pascal, Bossuet, Montesquieu, Voltaire, Lamartine, Victor Hugo, qui tous, en des styles et sur des tons divers, ont enseigné la solidarité humaine, et conçu un idéal de justice, bien différent de celui qu'a réalisé notre âge barbare.

« Aujourd'hui, la violence gouverne le monde. La guerre a laissé, partout où elle a passé, des traces sinistres. L'Alsace-Lorraine, la Finlande, la Pologne, le Danemark, l'Arménie, le Transvaal, sont des victimes de la guerre. Et ce n'est pas assez de dire que la guerre fait des victimes sur le champ de bataille, elle en fait peut-être plus encore par les traités de paix iniques que le vainqueur impose au vaincu.

« Mirabeau a dit, au commencement de notre grande Révolution : le droit est le souverain du monde. Cela devrait être, mais hélas ! cela n'est pas encore. Tant qu'il y aura des guerres, tant que la justice internationale ne sera pas solidement établie, le droit sera foulé aux pieds.

« Vous, mes chers camarades, qui êtes très jeunes, vous verrez peut-être un temps moins sombre que le nôtre. Vous n'assisterez pas à ces égorgements de nations, à ces mutilations de peuples. Si vous ne le voyez pas, ce temps béni, soyez sûrs que les enfants de nos enfants le verront. A cela nul doute. Le droit finira par triompher de la force et l'homme cessera de suivre la viéille ornière de sang et de boue qui est la tradition d'autrefois. Mais, pour que ce temps de lumière arrive, il ne faut pas s'endormir dans la douce quiétude, somnolente, des satisfaits. Il faut penser. Il faut agir. Il faut être vraiment *moderne ;* et on est *moderne* quand on ne se fie pas aux autres, mais à soi-même pour réformer ce qui est mauvais

« Ayez donc le courage d'être de votre propre opinion ; et, une fois que vous vous serez fait une opinion, bien réfléchie, loyale et sincère, alors agissez pour la défendre. En avant pour la justice, sans crainte des sarcasmes, des injures, et de l'épaisse indifférence.

« Aimez votre patrie ! mais sachez bien que le bonheur des autres patries contribue au bonheur de la vôtre.

« Et puis, faites-vous une sorte de grande patrie intellectuelle, cette République idéale que Platon avait rêvée, que Voltaire a si admirablement vantée ; la patrie de Kant et de Leibnitz, de Descartes et de Pasteur, de Shakespeare et de Beethoven. Dans cette grande cité de Paris, vous trouverez maintes occasions de vous initier à cette humanité supérieure. Il y aura de beaux jours pour les jeunes gens. Bientôt nous assisterons à une vraie Renaissance, plus féconde encore que la Renaissance du xvi° siècle, et il faut vous préparer à la comprendre.

« Jeunes gens, mes chers camarades, soyez les bienvenus parmi nous. Unissez-vous pour le bien, pour la vérité et la justice. »

La Vie Intérieure de l'Association

Les élections pour le renouvellement intégral du Comité ont eu lieu le 23 janvier. Ont été élus : **Delamarche, Campinchi, Virally** (Droit) ; **Nandrot, Usquin, Carlotti** (Médecine) ; **Lafaix, Labes Girard** (Lettres) ; **Lecat, Poli, Mathieu** (Sciences) ; **Renault, Emonin** (Coloniale) ; **Savinel** (Pharmacie). Au scrutin de ballotage, qui eut lieu le 30 janvier, pour les autres places de délégués, ont été élus : **Mantelet, Gaubil, de Fayolle, de Corbier** (Droit) ; **Mirtil, F. Lefébure** (Sciences politiques) ; **Gobert** (Institut agronomique).

Le Comité ayant cru devoir, après rapport d'une Commission d'enquête, relever certaines irrégularités dans les opérations électorales du ballottage de la section de Droit, a invalidé les élections de Gaubil et de Fayolle, et en même temps blâmé sévèrement un camarade qu'il jugeait s'être associé à une partie de ces irrégularités. A ce même propos, Mantelet et de Corbier ont donné leur démission. Les élections complémentaires ayant eu lieu le 20 février, Mantelet, de Fayolle, Gaubil, de Corbier, ont été réélus.

****

Le Comité s'est réuni le 1er février, sous la présidence de Lafaix, doyen d'âge. Il a nommé son bureau pour l'année 1904. Ont été élus à l'unanimité :

Président :   Léon **Delamarche**, président sortant.

Vice-présidents :   { Charles **Nandrot**, vice-prés. sortant.
                   { Octave **Emonin**,   —

Trésorier général :   Philippe **Renault**.

Secrétaires :   Arthur **Lecat**, René **Girard**.

Bibliothécaire général : Paul **Virally**.

En outre, ont été nommés : Président de la Commission des Fêtes, Marcel Mirtil ; président de la Commission de trésorerie, H. Mathieu ; président de la C.A.M., Mantelet.

Dans sa séance du 8 février, le Comité a nommé secrétaires de la rédaction du *Bulletin* : P. Vuillermoz et Minot. A l'unanimité, il a ainsi réglementé, pour l'avenir, les élections au Comité :

« 1° Les listes électorales seront closes quinze jours avant la date fixée pour le premier tour de scrutin ; elles seront examinées et arrêtées définitivement par le Comité ou, à son défaut, par la Commission d'admission ;

« 2° Les listes électorales du premier tour resteront les mêmes pour les autres tours de scrutin ;

« 3° Nul ne pourra voter que sur présentation de sa carte de membre de l'A. revêtue de sa photographie. Toute autre pièce d'identité ne pourra être admise que sur avis conforme et motivé de la Commission d'admission ou de ses représentants, et après insertion au procès-verbal ».

**

A la suite des élections au Comité, les bureaux de sections ont été ainsi constitués :

Section des Lettres. — Président, Galliot ; vice-prés., Deltheil ; secrétaire-biblioth., Adami, puis Chevalier.

Section des Sciences. — Président-biblioth., Maillet ; vice-prés., Russemberger ; secrétaire, Galibert.

Section de Médecine. — Président, Simonot ; vice-prés., Roy ; secrétaire, Leuthreau ; biblioth., Thiel.

Section de l'École coloniale. — Président, Yvon ; vice-président, Granboulan ; secrétaire-biblioth., Rousselot.

La section de Médecine a examiné sa situation : la rentrée lui a particulièrement été favorable, le nombre de ses membres s'est sensiblement accru ; des dons de professeurs et d'éditeurs, parmi lesquels spécialement M. Naud, ont développé sa bibliothèque qui se trouve maintenant au niveau des plus belles bibliothèques médicales.

La section des Lettres s'est occupée de son service de répétitions, organisé par les étudiants de licence et d'agrégation, et qui a donné les meilleurs résultats.

**

Les Conférences de droit ont lieu de nouveau tous les vendredis. Le 22 janvier, J. Lefébure a exposé les principes de la loi de pardon, inspirée par M. Magnaud, proposée par M. Morlot, et qui paraît être le complément logique et nécessaire de la loi de sursis.

— Le 29, M. le député Bourrat est venu présider la conférence de Matillon sur le rachat des chemins de fer ; il a lui-même montré les avantages du rachat des réseaux du Midi et d'Orléans, aux applaudissements des nombreux auditeurs. — Le 5 février, a eu lieu une conférence contradictoire sur les traités d'arbitrage, Noguères parlant en leur faveur et Rogez les critiquant. — Le 12, R. L'Esprit a fait revivre les personnages, tragiques ou amusants, d'une aventure qui jadis passionna l'opinion publique : « Une demande en réclamation d'état à la fin de l'Ancien Régime » ; c'est l'histoire d'un sourd-muet revendiquant un titre nobiliaire. — Le 19, Bourlat a expliqué le mécanisme des impôts directs et s'est efforcé d'en établir la légitimité et la justice.

*
* *

Le 28 janvier, la Section de Médecine a invité M. le Dr Boureau, qui fut le premier président de l'Association, à parler de la « préservation des maladies vénériennes ». M. Boureau, qui a acquis une grande compétence en la matière, a commencé par décrire ces maladies, signaler leur effrayante propagation, surtout parmi les jeunes gens, exposer leurs effets redoutables, ceux de la syphilis principalement. Comment enrayer l'envahissement de ce fléau ? Il faudrait d'abord instruire les jeunes gens, leur donner à tous des notions précises et indispensables sur le mal ; pour cela, surmonter la fausse pudeur qui interdit d'en parler, comme s'il ne fallait pas distinguer ces maladies par leur caractère dangereux, plutôt que par un prétendu caractère honteux. M. Boureau préconise aussi le groupement raisonné des jeunes hommes, qui devraient s'entendre pour exiger de toute courtisane un certificat sanitaire, daté du jour même et délivré par une Société de prophylaxie comme il s'en est déjà fondé une à Paris. Il croit davantage à l'efficacité de cette initiative individuelle qu'à celle de la réglementation légale. La conférence de M. Boureau a produit sur son auditoire une profonde et durable impression.

*
* *

La Section de Photographie a organisé, dans les locaux de l'Association, un concours entre ses membres. Les exposants ont fait preuve, pour la plupart, d'un goût très réel et d'un visible souci d'art. Balagny, président de la section, diplômé à l'exposition de 1900, de Cousseau, vice-président de la section, et Parmentier, secrétaire, ont exposé d'excellents paysages ou de spirituelles fantaisies. Duré, pour ses vues et scènes d'Algérie, Fouquet, pour une série d'instantanés très réussis, Vieillard, pour la remarquable précision avec laquelle il a reproduit un document ancien et des tableaux de Boucher, Sallé, pour de pittoresques effets de nature, ont obtenu les prix principaux. Il faut aussi mentionner les reproductions de Baffeleuf et de J. Lefébure, les spirituelles épreuves de Basty, les paysages corses de Poli, les efforts divers de Lecat, de Roux, de Tricheux, les photographies de monuments de Matillon, les portraits bien observés de Piony, les groupes amusants de Blanchard, enfin les envois intéressants de Ziller, de Klein, de Romieux, de Thiel, qui a exposé une main photographiée aux rayons X avec une singulière netteté, — Exposition, en somme, qui fait grand honneur à la section et dont l'idée mérite d'être de temps en temps reprise.

BIBLIOGRAPHIE

***

Volumes entrés nouvellement à la Bibliothèque et mis à la disposition des Membres de l'Association

*

I. — LIVRES

*

1° Bibliothèque Générale

M. CORDAY : Les embrasés. Charpentier.

GAUTRON DU COUDRAY : Pochades morvandelles. Ceyrolle, *don de l'auteur.*

J. RENARD : Comédies.

RITTER : Fillette slovaque. Mercure de France, *don de l'éditeur.*

LE LIVRE DES MILLE ET UNE NUITS, tome XIV.

J. BRUBACH : Le vrai guide du vendeur. Vade mecum du commerçant et de l'industriel, traitant : 1° Des bénéfices et des moyens de les calculer; 2° Des remises qu'un commerçant peut consentir sur son prix de vente tout en conservant un bénéfice certain; 3° De la majoration à appliquer pour obtenir un bénéfice certain lorsque le prix d'achat comporte une remise; 4° De l'inconvénient qui consiste à diminuer par une seule opération plusieurs remises.

Hachette, *don de l'éditeur.*

2° Bibliothèque Pacifiste

BIBLIOTHÈQUE INTERNATIONALE PACIFISTE : Giard et Brière, éditeurs, *don de M. Stéphane-Pol,* directeur de la publication.

JEAN DE BLOCH : La Guerre, 6 vol. in-8. Guillaumin, éd., *don du Bureau international de la Paix.*

—   Modern Weapons and Modern War, *don du Bureau international.*

Baronne DE SUTTNER : Bas les Armes ! Charpentier, éd., *don du Bureau international.*

E. DUPLESSIX : Vers la Paix. Guillaumin, éd., *don du Bureau international.*

LÉOPOLD KATSCHER : Friedenstimmen. (Anthologie pacifiste), *don du Bureau international.*

Bulletins des Congrès de la Paix, Almanachs de la Paix, etc., et nombreuses brochures, *dons de M. Élie Ducommun,* secrétaire du Bureau International de la Paix, à Berne.

3° Section de Droit

CHÉNON : Cours de droit constitutionnel, *don de M. Baylac.*

GARÇON : Droit criminel comparé, *don de M. Baylac,* éditeur.

GLASSON : Voies d'exécution, *don de M. Baylac,* éditeur.

LABAND : Droit public de l'empire allemand. Giard et Brière.

LESEUR : Droit international public, *don de M. Baylac,* éditeur.

PILLIAS : Traité de la juridiction contentieuse administrative. Rousseau, *don de l'auteur.*

PLANIOL : Traité élémentaire de droit civil.

STOURM : Le budget, Guillaumin.

4° Section des Lettres

AULARD : La révolution française et les congrégations. Cornély, *don de l'auteur.*

BÉRARD : Les Phéniciens et l'Odyssée. Colin, *don du Ministère de l'Instruction publique.*

BLASS : Bacchylidis Carmina Lipsiæ. Teubner.

BLONDEL : Le patriotisme et la morale. Alcan, *don de l'auteur.*
    — Les approximations de la vérité. —

BRÉAL : Essai de sémantique. Hachette, *don de l'auteur.*

CHAMPION : La séparation de l'église et de l'Etat, en 1794. Colin, *don de l'éditeur.*

CHARTIER : Spinoza. Delaplane.

COMPAYRÉ : Herbert Spencer et l'éducation scientifique.

J. DE CROZALS : Lectures historiques. L'ancien régime. Delagrave, *don de l'éditeur.*

DEBIDOUR : Histoire des rapports de l'Eglise et de l'Etat en France, *don de l'auteur.*

FAGUET : Propos de théâtre, *don de l'auteur.*

GOELZER : Nouveau dictionnaire français-latin, *don de l'auteur.*

LANDORMY : Descartes et l'éducation scientifique.
    — Socrate et l'éducation scientifique.

Métin : La transformation de l'Egypte. Alcan, *don de l'auteur.*
Métin : L'Inde d'aujourd'hui, Colin, *don de l'auteur.*
Petit de Julleville : Histoire de la langue et de la littérature françaises.
Renault : Epicure et l'éducation scientifique,
Renault : Platon et l'éducation scientifique.
Souriau : L'Evolution du vers français au xviie siècle. Hachette, *don de l'auteur.*

5° Section de Médecine

A. Mauté : La Chlorurie alimentaire expérimentale. C. Naud, *don de l'auteur.*
Léon Audain, d'Haïti : Pathologie intertropicale, Doctrine et clinique, Préface du Dr W. Menos. Verrollot, Port-au-Prince, *don de l'auteur.*
Ch. Achard : Nouveaux procédés d'exploration, Leçons de Pathologie générale, professées à la Faculté de Médecine et recueillies par Sainton et Lœper. Masson, *don de l'auteur.*
H. Roger : Introduction à l'étude de la Médecine. C. Naud, *don de l'éditeur.*
Hugounencq : Précis de chimie physiologique et pathologique, *don de l'auteur.*
Courmont : Précis de bactériologie pratique, *don de l'auteur.*
Castex : Précis d'électricité médicale. De Rudeval. *don de l'éditeur.*
Causse : Hydrologie. De Rudeval, *don de l'éditeur.*
Choquet : Précis d'anatomie dentaire. De Rudeval, *don de l'éditeur.*
Dupuy : La Peste, étude critique des moyens prophylactiques actuels. De Rudeval, *don de l'éditeur.*
Dupuy (Th). : La Fièvre jaune. De Rudeval, *don de l'éditeur.*
Neveu-Lemaire : Parasitologie animale. De Rudeval, *don de l'éditeur.*
Durrisay et Jeannin : Précis d'accouchement. De Rudeval, *don de l'éditeur.*

    Les auteurs de cet ouvrage en ont éliminé toutes les discussions théoriques pour s'en tenir à la description des faits et à l'exposé des méthodes opératoires. Ce précis est divisé en deux livres : *a)* L'état puerpéral physiologique, *b)* L'état puerpéral pathologique.

A. Rémond : Précis des maladies mentales. De Rudeval, *don de l'éditeur.*
Monthus et Opin : Précis de technique microscopique de l'œil, Préface de M. le professeur De Lapersonne. Asselin et Houzeau, *don de M. Monthus,* ancien membre de l'A.

Létienne et Masselin : Précis d'urologie clinique. Naud, *don de l'éditeur.*

Barbary : La grande Faucheuse. Naud, *don de l'éditeur.*

Mariani : Albums de figures contemporaines, 4 vol. Flammarion, *don de M. Mariani.*

Gaube (du Gers) : Cours de minéralogie biologique. Maloine, *don de l'auteur.*

Béclère : Les rayons de Rœntgen et le diagnostic des affections thoraciques. Les rayons de Rœntgen et le diagnostic des maladies internes, Les rayons de Rœntgen et le diagnostic de la tuberculose. Bailliére, *dons de l'auteur.*

Pʳ Th. Kocher : Manuel de chirurgie opératoire. Maloine, *don de l'auteur.*

Ce livre a pour but de « mettre le lecteur en état de s'orienter rapidement et sûrement sur la voie que doit suivre le bistouri dans les incisions, pour éviter les lésions accessoires inutiles ».

Durand-Fardel : Le centenaire de l'Internat. Steinheil, *don de l'éditeur.*

Berdal : Nouveaux éléments d'anatomie normale. Maloine. *don de l'auteur et de l'éditeur.*

Pierre Bonnier : Le sens des attitudes. Naud, *don de l'éditeur.*

6ᵉ Section de Pharmacie

Barral : Travaux synoptiques de minéralogie, *don de l'auteur.*

Barral : Manipulations de minéralogie, *don de l'auteur.*

Baucher : Analyse chimique et bactériologie des eaux potables et minérales. Vigot frères, *don des éditeurs.*

Colas et Moreau : Précis de pharmacie chimique. Storck, *don de l'auteur.*

Deniges. Précis de chimie analytique. Storck, *don de l'auteur.*

Dupuy : Cours de pharmacie, 4 vol. Maloine, *don de l'auteur.*

Ouvrage le mieux adapté aux études de la science et de l'art pharmaceutiques, Le stagiaire, l'étudiant, le candidat à l'internat et le pharmacien, y trouveront les connaissances nécessaires et indispensables à leurs études et à leur profession.

Gérard : Traité des urines. Vigot frères, *don de l'auteur et des éditeurs.*

Guignard : Le Jardin botanique de l'Ecole supérieure de pharmacie, *don de l'auteur.*

L'éloge de ce précieux petit livre n'est plus à faire. Les services multiples qu'il rendit à nos aînés et qu'il nous prodigue chaque jour, en font l'hôte obligatoire de la bibliothèque de l'étudiant en pharmacie.

7° Section des Sciences

DASTRE : La vie et la mort. Flammarion, *don de l'auteur.*
LEBOIS : Électricité industrielle. Delagrave, *don de l'auteur.*
MOISSAN : Classification des corps simples, *don du camarade Binet de Jassonneix.*
PROST : Manuel d'analyse chimique. Béranger, *don de l'auteur.*
REYCHLER : Les théories physico-chimiques. Bruxelles, Lamertin, *don de l'auteur.*
STANISLAS MEUNIER : La géologie générale. Alcan, *don de l'auteur.*

II. — PÉRIODIQUES

Le Correspondant. — 10 février. — H. DE LACOMBE : Léon Lavedan. — GÉNÉRAL BOURELLY : L'œuvre du général André. — FAUVEL : La Corée. — A. DE LAPPARENT : La pluie et le beau temps. — FÉLIX KLEIN : Au pays de la vie intense... etc.

Revue des deux Mondes. — 15 février —. H. HOUSSAYE : La route de Sainte-Hélène. — RENÉ PINON : La lutte pour le pacifique. — (***) : L'évolution actuelle de la tactique. — ANDRÉ THEURIET : Poésies. — AUGUSTIN FILLON : La nouvelle Université de Londres.... etc.

La Revue. — 15 février —. A. ULAR : Le panmongolisme japonais. — SULLY PRUDHOMME : La muse de Philippe Dufour. — C. MAUCLAIR : La fin du wagnérisme. — D͏ʳ J. HÉRICOURT : Le médecin de l'avenir. — J. H. ROSNY : La belle Tessinoise.. etc.

Mercure de France. — février —. MARIUS-ARY LEBLOND : Emile Verhaeren : La survivance flamande de l'Espagne. — CHATEAUBRIAND : Lettres à S͏ᵗᵉ Beuve. — COLETTE WILLY : Sentimentalités. — L'ABBÉ E. PARADIS : L'abbé Loisy... etc.

La Quinzaine. — 16 février —. MAURICE BLONDEL : Histoire et Dogme. — JACQUES DEBOUT : Le monde des vivants. — V. ERMONI : La crise de l'exégèse biblique. — YVES LE QUERDEC : Le fils de l'Esprit. — J. E. FIDAS : La pensée sociale de J. B. Buchez, etc.

La Revue Littéraire. — 8 février. n° 1. — La production dramatique : Emile Faguet, Paul Hervieu. — H. BORDEAUX : Un sorcier au 20ᵐᵉ siècle. — F. GILLES : Le journalisme et le duel. — F. AUBIER : Le mérite des femmes, roman. — *Poésies*

Anthologie Revue. — février —. G. GRAPPE : Figures du XVIIIᵉ siècle :

Cagliostro. — Léon Bazalgette : L'épopée flamande. — Emile Despax et René l'Esprit : Poèmes.

Revue historique. — Janvier-Février. — Louis Brehier : La royauté homérique et les origines de l'Etat en Grèce. — Hermann Hueffer : La fin de la République napolitaine. — La mission de Prieur de la Marne dans le Morvan. — Œlsner : Fragments de ses mémoires relatifs à la Révolution française, etc.

La Géographie (Bulletin de la Société de géographie n° 1) 15 janv. — A. Angot : Les observations météorologiques de la mission Foureau-Lamy. — Otto Nordenskjold : Note sur la glaciation antarctique. — Mouvement géographique. — Actes de la Société de géographie.

La Revue philosophique, février. — Kozlowski : L'évolution comme principe philosophique du devenir. — G. Dumas : Saint-Simon père du positivisme. — G. Batault : L'hypothèse du « retour éternel » devant la science moderne. — Lapie : Expériences sur l'activité intellectuelle.

La Revue Socialiste, Février. — G. Rouanet : La politique du parti socialiste français. — Vandervelde : L'idéal marxiste. — Reybell : Le Socialisme et la question d'Alsace-Lorraine. — Colajanni : L'impérialisme anglo-saxon.

Revue de droit international public. Janvier-février. — Waultrin : La neutralité scandinave. — J. Repond : Bâle sous le canon allemand. — Rouard de Card : Les relations de l'Espagne et du Maroc pendant la première moitié du xixe siècle.

Journal des Economistes. — 15 février. — Macquart : Agriculture et libre échange dans le Royaume Uni. — Daniel Bellet : Le socialisme municipal en Italie. — A. Millet : Les finances du Japon.

Annales de philosophie chrétienne. — Février —. Abbé Ch. Denis : sincérité.—G. Prévost : Evolution et lutte dans notre société présente. — J. de Coussanges : La religion de Ruskin. — P. Melle : Une cosmologie.

Questions diplomatiques et coloniales. — 16 février —. Robert de Caix : La France et la guerre. — Auguste Terrier : La réorganisation du Congo français et la mission Lenfant. — H. Cabrol : Le réveil de l'Asie et le mouvement pan-asiatique.

Le Gérant : **J.-B. Nouet.**

Sens. — Imprimerie MIRIAM, 1, Rue de la Bertauche.